DESTINS DE CHAMPIONS

Texte : Philippe Rodier.

Photos : Maurice van Steen/ANP Sport/Presse Sports (couverture, pp. 3, 110-111), Presse Sports (pp. 30-31), André Lecoq/Presse Sports (p. 36), De Martignac/ Presse Sports (pp. 47, 68-69), Mark Leech/Offside/Presse Sports (pp. 52-53), Papon/ Presse Sports (p. 57), Paul Chigot/Presse Sports (pp. 78-79), Werek/Expa/Presse Sports (pp. 84-85), Martin/Presse Sports (p. 100), Franck Faugère/Presse Sports (pp. 114-115), Aaron Foster/The Image Bank/via Getty Images (pp. 1, 4-5, 118-119, 121-123, 125).

Conception graphique : Audrey Thierry.
Mise en pages : Alicia La Spina.

Hachette Livre, 58, rue Jean-Bleuzen, 92178 Vanves Cedex.
Pour tout renseignement : bibliothequerose@hachette-livre.fr

DESTINS DE

CHAMPIONS

Philippe Rodier

Une biographie de

DIDIER DESCHAMPS

★ **Le conquérant** ★

hachette JEUNESSE

Didier DESCHAMPS

Pays : France
Poste : Milieu
Numéro : 7 (équipe de France)
Taille : 1,74 m
Poids : 71 kg
Date de naissance :
15 octobre 1968

Palmarès de joueur

Vainqueur de la Coupe du monde :
1998 (équipe de France)

Vainqueur de l'Euro :
2000 (équipe de France)

Vainqueur de la Ligue des champions :
1993 (Olympique de Marseille), 1996 (Juventus Turin)

Vainqueur de la Coupe d'Angleterre :
2000 (Chelsea)

Vainqueur de la Coupe d'Italie :
1995 (Juventus Turin)

Champion d'Italie :
1995, 1997, 1998 (Juventus Turin)

Champion de France :
1990, 1992 (Olympique de Marseille)

Palmarès d'entraîneur

Vainqueur de la Coupe du monde :
2018 (équipe de France)

Finaliste de la Coupe du monde :
2022 (équipe de France)

Finaliste de l'Euro :
2016 (équipe de France)

DESCHAMPS

7

CHAPITRE 1

La naissance d'un compétiteur

★★

Bien sûr, tout le monde connaît Didier Deschamps aujourd'hui. Depuis son arrivée à la tête de l'équipe de France en 2014, le Basque est devenu une référence pour toutes les générations, grâce à sa longévité mais surtout grâce aux succès de son équipe. Avec les Bleus, Deschamps a rarement déçu, raflant même la Coupe du monde en 2018.

Il faut dire que « Dédé » a été bien aidé par un staff qu'il a lui-même constitué au fil du temps. Mais finalement, qui était-il, avant de devenir celui qui décide de qui joue et de qui ne joue pas ? Parfois, malgré les victoires de ses équipes, le Basque a fait des mécontents : ceux qui prenaient place sur le banc, alors qu'ils espéraient pouvoir jouer aux côtés de leurs coéquipiers, participer à l'effort collectif, puis gagner, si la grâce s'accordait à eux. « Gagner », c'est d'ailleurs l'une des principales raisons de vivre du sélectionneur tricolore. Toutes les personnes qui l'ont côtoyé sont unanimes : pour le Basque, seule la victoire est belle.

En vérité, cet esprit de compétiteur a toujours fait partie de Didier Deschamps. Déjà, parce qu'il a eu une vie avant celle de sélectionneur : celle de joueur, longue et remplie de trophées depuis ses débuts en professionnel, au FC Nantes, en 1985. Didier sait ce que cela veut dire, « devenir champion du monde », à la manière d'un Kylian Mbappé aujourd'hui, ou encore d'Olivier Giroud et d'Antoine Griezmann. Pour la première étoile du football français, synonyme de victoire en Coupe du monde, Didier était déjà là, au milieu du terrain, avec le brassard du capitaine sur le bras. Et non loin de lui, se trouvait son coéquipier le plus fidèle à l'époque, Zinédine Zidane, présent à ses côtés en équipe de France mais aussi en Italie, à Turin. Son palmarès est le fruit d'un long travail, mais surtout d'une expérience acquise tout au long de sa vie. Avec des victoires marquantes donc, mais aussi des défaites parfois très douloureuses qui serviront à forger son caractère, comme n'importe quel grand champion. Avant de gagner, il faut d'abord apprendre à perdre.

Ensuite, Didier a hérité de la combattivité de ses parents.

Durant son enfance, son père, Pierre, qui multiplie les heures de travail afin de subvenir aux besoins de sa famille, joue au rugby en tant que troisième ligne aile au Biarritz Olympique. Au quotidien, il exerce le métier de peintre en bâtiment et bâtira de ses propres mains la maison familiale, au sommet d'une jolie route de campagne. Sa mère, Ginette, cuisinière à la réputation locale, vend de la laine.

Didier grandit dans une famille modeste, où il s'épanouit aux côtés de son frère aîné, Philippe. Enfant, il partage son temps entre Anglet et Bayonne, sa ville natale. Le petit Didier aime surtout le goût de l'effort physique et le dépassement de soi à travers le sport. Ainsi, il pratique le rugby, comme son père, le handball, le saut en longueur, la natation ou encore la pelote basque. Mais c'est à la course à pied, et plus particulièrement en demi-fond, que Didier s'illustre vraiment pour la première fois. D'abord tenté par la distance du 2000 mètres, il va ensuite s'essayer au 1000 mètres alors qu'il évolue dans la catégorie des minimes, dans laquelle il a déjà remporté plusieurs coupes. Un choix judicieux.

Après plusieurs titres au niveau départemental puis régional, Deschamps remporte le titre de champion de France scolaire. Du haut de ses 11 ans, il prouve qu'à cet âge-là, il est déjà de ceux pour qui la victoire n'est pas une éventualité mais bien une nécessité : « Ce jour-là, je suis parti comme un fou. Mon professeur, inquiet, m'a tout de suite demandé de ralentir, mais je ne l'ai pas écouté. J'ai conservé ma cadence et j'ai fini seul, loin devant tout le monde. »

Avec son frère Philippe, il s'adonne à de multiples randonnées en montagne, quand il n'accompagne pas leur père à la chasse à la palombe. Même s'il n'a pas encore l'âge de tenir un fusil entre ses mains, Didier s'amuse à courir pour ramasser les oiseaux abattus. La pêche vient compléter le menu des activités en plein air de cet enfant plein d'énergie, infatigable. Une enfance saine, avec des activités simples et ludiques.

Au départ, le football n'est donc pas une évidence. Il faut dire qu'avec des capacités physiques supérieures à la moyenne (une endurance déjà bien prononcée, mais aussi une grande taille pour son âge), Didier pourrait très bien se tourner vers un autre sport. Dans le Pays basque, le rugby représente une alternative crédible. Mais Didier a bien compris qu'il n'était pas non plus le plus « épais » pour s'imposer sur le terrain au sein d'un sport très physique, avec beaucoup de contacts. Au football, il est souvent le plus costaud, le plus puissant. Au rugby, c'est une autre histoire. La suite paraît donc logique.

DESCHAMPS

7

CHAPITRE 2

L'attaque avant le milieu

★★

Au collège catholique Saint-Bernard, à Bayonne, le petit Didier est un élève sérieux et appliqué, avec un goût prononcé pour le calcul. Premier de sa classe, premier en maths, premier en sport... Pour Deschamps, il ne suffit pas d'être bon « quelque part » ; il faut être bon partout. S'il peut devenir l'un des meilleurs au football, alors il doit se tourner vers le football.

Mais bien qu'il soit plutôt doué balle au pied, Didier n'est pas spécialement attiré par l'idée de s'inscrire dans un club. Après tout, il s'amuse déjà bien assez avec ses compagnons dans la cour de récréation ou en famille : « En fait, j'ai pris ma première licence assez tardivement, raconte-t-il. J'avais pratiquement douze ans. Pour moi, le football, c'était seulement un jeu. Je regardais les matchs un peu à la télé mais surtout pour le plaisir. » Même si l'équipe de France le fait déjà rêver à la télévision, notamment lors de la Coupe du monde 1982 en Espagne, c'est son meilleur ami, Manu, qui doit le convaincre de passer à l'acte. Dans les faits, ce sera aussi l'occasion de pouvoir passer du temps en plus avec ses compagnons de jeu.

Deux possibilités s'offrent alors à lui : les Genêts d'Anglet ou l'Aviron bayonnais. Selon la légende, quand son père lui a demandé lequel il préférait, Didier aurait répondu : « Sûrement pas aux Genêts, personne n'est jamais sorti de là ! » S'il rejoint un club, cela doit avoir un sens, celui d'une possible ascension.

Au mois de septembre 1979, il rejoint donc le club de l'Aviron bayonnais. Pour autant, il continue également la course à pied, qui lui permet de travailler son endurance. Surtout, c'est l'époque où Didier aiguise véritablement son esprit de compétiteur au contact de ses compagnons de jeu. Avant les entraînements, les tournois de baby-foot vont bon train dans le petit bar local. Pour les perdants ? Une série de gages à reproduire ensuite sur le terrain, mais rien de méchant, juste du plaisir entre amis. Seulement, pour Didier, c'est autre chose : « Petit, déjà, je ne supportais pas de perdre ! Aujourd'hui encore, avec mon fils, même si je prends du plaisir, je ne joue jamais seulement pour participer. Et quand je ne gagne pas, je ne suis pas content. » Et dès son enfance dans son Pays basque natal, cela peut se voir sur son visage, comme dans ses paroles. Un chambreur-né, mais aussi un mauvais perdant… tout en restant correct et mesuré, parce que c'est le plus important, malgré une envie de gagner débordante. Plus tard, lorsqu'il deviendra entraîneur, Didier expliquera : « Je suis un bon vivant qui aime bien rire. Mais quand je suis sérieux, je suis sérieux. En conférence de presse, je ne suis pas là pour être marrant. Même si je peux faire un peu d'humour, ça reste très conventionnel. Les médias font partie de ma vie professionnelle. Et je fais en sorte de respecter tout le monde. »

Durant cette période, même s'il n'est pas le plus technique sur le terrain, Deschamps surprend par sa puissance et sa science du placement, ses qualités physiques (à 12 ans, il mesure déjà 1 m 70, soit pratiquement sa taille actuelle), mais surtout par sa frappe de balle dévastatrice. Le gamin à l'énergie débordante replace ses coéquipiers quand il le faut, joue en attaque et collectionne les buts. En deux ans, il inscrit plus de 200 buts ! Lors d'un match à Saint-Jean-de-Luz, sur un coup franc aux 25 mètres, le futur sélectionneur des Bleus casse même l'avant-bras du gardien adverse par la puissance de son tir. Et du pied gauche, son mauvais pied ! À cette époque, le coup de pied de Deschamps, c'est le coup de poing de Hulk.

Au-delà du jeu, celui qui épate ses entraîneurs apparaît comme un garçon bien éduqué, courtois et poli avec tout le monde au sein du club. Cela lui permet de vite se faire remarquer. À Bayonne, il devient un patron naturel sur le terrain, mais aussi en dehors. Et il se voit même surclassé de benjamins en minimes. Au départ, le petit Didier s'était inscrit pour retrouver ses amis du collège. Mais son ambition va vite le rattraper. Même s'il ne considère pas le football comme un métier, quelque chose se prépare…

CHAPITRE 3

Le capitaine du navire

★★

Sur le terrain, Didier s'impose donc rapidement comme un leader. Avec le brassard de capitaine sur le bras, il remporte son premier trophée, la Coupe nationale des minimes, en 1982, avec la Ligue d'Aquitaine. Pour la première fois, toujours chez les minimes, il porte le maillot de l'équipe de France, face à la Belgique, pour un score de 0 à 0. Grâce à sa réputation grandissante dans la région et à ses multiples sélections départementales, régionales ou nationales, Deschamps se fait surtout remarquer par les plus grands clubs français de l'époque. L'Association sportive de Saint-Étienne (ASSE) se positionne rapidement, bientôt imitée par les Girondins de Bordeaux, le FC Nantes, ou encore l'AJ Auxerre, avec son célèbre entraîneur Guy Roux. Malgré son jeune âge, Deschamps est déjà un joueur convoité. Mais comme il l'a appris au contact de ses parents, cela ne sert à rien de se précipiter… Il faut faire le bon choix.

Le premier souhait de Didier se porte sur l'ASSE. Il faut dire que Saint-Étienne a de lourds arguments. Deux joueurs passés par l'Aviron bayonnais dans les années 1970, Christian Sarramagna et Félix Lacuesta, ont rejoint le club du Forez après leur passage dans le Pays basque, pour y devenir professionnels. Didier se dit qu'il pourrait suivre le même chemin.

Durant les vacances de Pâques, aux côtés de ses parents et de M. Sorin, le directeur sportif du club de Bayonne, il découvre les installations des Verts, et plus particulièrement le fameux stade Geoffroy-Guichard, réputé pour son ambiance aux allures de fournaise. C'est donc un monument du football français qui ouvre ses portes au petit Basque. Ici, tout lui plaît : le sérieux qui se dégage des personnes qu'il rencontre, la salle des trophées, bien évidemment, mais aussi le cadre général offert pour développer les jeunes joueurs. Alors le recruteur des Verts, Pierre Garonnaire, lui promet : « L'an prochain, tu seras avec nous ! » Finalement, ce ne sera pas le cas… Un rebondissement de dernière minute s'apprête à faire son apparition.

Un mois plus tard, un scandale judiciaire explose à Saint-Étienne et propulse le président du club, Roger Rocher, en prison ! Ainsi, Didier ne peut plus rejoindre l'ASSE. Immédiatement, Bordeaux saute sur l'occasion de pouvoir récupérer le petit prodige basque. Malheureusement, l'approche des Girondins est digne d'un film de gangsters. Un dimanche matin, sans y avoir été invités, le président du club, Claude Bez, et son directeur sportif, Didier Couécou, débarquent à Anglet, chez les Deschamps ! Les deux hommes sortent d'une grosse limousine avec le cigare aux lèvres et une mallette sous le bras... Cela manque d'élégance, ce n'est pas du tout du goût de la famille Deschamps.

Les gros chèques proposés par les Bordelais pendant plusieurs jours n'y font rien, Didier n'ira pas chez les Girondins. Sa volonté et celle de ses parents, c'est avant tout d'obtenir l'assurance d'un avenir scolaire correct, en cas d'échec au football. Même si, à vrai dire, Didier n'envisage pas vraiment cette possibilité. À partir du moment où il rejoindra un centre de formation, ce sera pour y devenir footballeur professionnel. Il mettra toutes les chances de son côté pour réussir.

Après l'ASSE et les Girondins, c'est désormais au tour du FC Nantes de manifester son intérêt pour le futur sélectionneur des Bleus. Cela tombe bien, il s'agit d'un club réputé pour sa formation de jeunes joueurs. Par l'intermédiaire de la légende du club, Robert Budzynski (champion de France en 1965 et en 1966 avec les Canaris), Didier et sa famille sont invités à assister à un match. Ils visitent le centre de formation, découvrent les installations et comprennent que Didier sera à l'endroit idéal pour pouvoir se développer. Sur le plan scolaire, tout est clair. C'est un point important qui va accélérer son choix. Sur le chemin du retour, Didier confie à ses parents : « J'ai pris ma décision, ce sera Nantes. » Les dernières approches de l'AJ Auxerre, du PSG ou encore de l'AS Monaco n'y changeront rien. C'est un nouveau départ pour le petit Basque.

CHAPITRE 4

Les débuts dans le monde professionnel

★★

À Nantes, Didier consolide sa réputation, même si, au départ, les choses ne se déroulent pas comme prévu…

À l'été 1982, le Basque rejoint le célèbre centre de formation des Canaris, la Jonelière. À 14 ans, il subit l'éloignement familial pour la première fois et découvre aussi qu'on peut ressentir de la jalousie à son égard… Par moments, il devient même le souffre-douleur de certains de ses camarades. Ce sont des débuts difficiles, mais Didier s'accroche. La raison de cet accueil ? Une publicité réalisée par le staff du club, un peu trop présente au goût de certains de ses compagnons. Le FC Nantes est persuadé d'avoir déniché un futur « crack », il faut donc le faire savoir. La une du magazine Pif Gadget le présente même comme un « grand espoir du football français ».

Malgré sa timidité, le « petit » Didier n'existe plus vraiment. Il est déjà mûr, toujours aussi grand, et côtoie désormais des joueurs âgés de trois à quatre ans de plus que lui. Forcément, la concurrence est rude... Le passage au niveau supérieur a un prix, celui de la persévérance. Par la suite, Didier expliquera : « On est obligé de gagner en maturité, de vivre avec les autres. » En fin de compte, le futur sélectionneur des Bleus parvient à s'intégrer au groupe grâce à une soirée festive durant laquelle il s'endort devant ses coéquipiers. À cette occasion, ces derniers ne voient plus en lui un rival potentiel mais davantage un nouveau compagnon de jeu, capable de s'amuser à leurs côtés. Surtout, le talent de Didier peut servir à faire gagner l'équipe. Et dans un sport collectif, c'est bien cela le plus important.

C'est aussi à cette époque qu'il noue une amitié sans faille avec un autre grand joueur du football français, un certain Marcel Desailly. Une terrible épreuve va d'ailleurs lier éternellement les deux hommes. Le 18 novembre 1984, le demi-frère de Marcel, Seth Adonkor, qui évolue aussi au FC Nantes, est victime d'un accident de voiture. Aucun dirigeant n'a le cran d'annoncer la nouvelle à Marcel. Du haut de ses 16 ans, c'est donc Didier, le nouvel ami toujours présent, qui assume

cette responsabilité. « Je n'ai jamais oublié ce que Didier a fait par amitié ce jour-là, confie Marcel. À quel point ça a dû être dur. Depuis, il représente tout pour moi. »

À peine trois ans plus tard, en 1987, c'est au tour de Didier de perdre son frère aîné, Philippe, dans un terrible accident d'avion, le 21 décembre, à quelques jours de Noël. « J'avais 19 ans, j'étais déjà mûr », expliquera le Basque lors de rares occasions. Bien sûr, la vie a continué. Mais si Didier affiche parfois une certaine mélancolie, la perte d'un frère n'y est certainement pas pour rien. D'autant plus qu'il perdra également le père de sa compagne, Claude, quelques jours seulement après le décès de son frère. « La vie nous enlève des personnes, mais cela nous donne des forces encore plus insoupçonnées », déclarera l'entraîneur des Bleus avec philosophie.

Durant sa période nantaise, les parents de Didier sont très présents malgré l'éloignement familial. Chaque mois, Robert Budzynski reçoit Pierre et Ginette pour faire le point sur la situation de leur fils. Sans surprise, le discours est toujours rassurant. Petit à petit, Deschamps franchit les étapes, tout en conservant un bon niveau scolaire.

★★★★★★★★

Après avoir débuté en cadets aux côtés de l'entraîneur Raynald Denoueix, il rejoint le monde professionnel lors de la saison 1985-1986. Cela représente désormais un rythme de deux entraînements par jour, contre deux entraînements par semaine auparavant. Ce n'est pas une mauvaise chose, puisque cela permet à son corps d'accepter progressivement la charge de travail nécessaire pour devenir un grand joueur. Au très haut niveau, le talent ne suffit plus. Il faut être capable de répéter les efforts. Malheureusement, durant cette saison, le FC Nantes échoue en finale de la Coupe Gambardella face à l'AJ Auxerre. Didier manque ainsi de soulever un nouveau trophée. Mais ce n'est que partie remise...

Sous la tutelle du mythique entraîneur Jean-Claude Suaudeau, surnommé « Coco », Didier évolue aux côtés des stars de l'équipe. Mais surtout, alors qu'il n'a pas encore 17 ans, il effectue ses premiers pas sur une pelouse de Division 1, à Brest, le 27 septembre 1985 (victoire 3-1 du FC Nantes). Cette même année, il rencontre sa future femme, Claude, une jolie Bretonne de Concarneau, avec laquelle il partage encore sa vie aujourd'hui.

Au quotidien, elle est un soutien de taille pour le sélectionneur tricolore. Les deux tourtereaux se marient à Nantes en 1989. Sept ans plus tard, en 1996, leur fils unique Dylan voit le jour à la maternité de Quimper.

Après la signature de son premier contrat professionnel chez les Canaris, en 1987, Didier réalise une première saison pleine avec 30 matchs de championnat, au poste de défenseur central principalement, puis au milieu de terrain. À 19 ans, il est déjà capitaine. Infatigable, il continue de surprendre son entraîneur : « Il admettait difficilement qu'on puisse ne pas en faire autant que lui, explique Jean-Claude Suaudeau. Je n'ai pas retrouvé un joueur aimant autant le goût de l'effort. Il ressemble à un menhir, il est indestructible. Il a une force incroyable en lui. Et les gens qui ont la force ne doutent pas. »

MAISONS
MIKIT
UROPE 1
MIKIT
44

Lors de la 9e journée du championnat de France, il inscrit son premier but contre l'Olympique de Marseille (victoire 5-0), comme un signe annonciateur du destin qui se met en marche progressivement. En 2019, au micro de France 3, il racontera : « Je serai éternellement reconnaissant au FC Nantes pour tout ce qu'il m'a donné, sur le plan sportif mais aussi sur le plan humain, qui m'a permis de faire ma carrière de joueur, mais aussi celle que j'ai entreprise ensuite. » Si Didier ne remporte aucun trophée avec les Canaris, un club du sud de la France s'active en coulisses pour récupérer le jeune espoir.

DESCHAMPS

7

CHAPITRE 5

Marseille

★★

29 avril 1989. Quelques mois avant de s'envoler en direction du mythique club de l'Olympique de Marseille, Didier Deschamps connaît sa première sélection en équipe de France. C'est un moment important pour le Basque. Le maillot bleu représente tout pour lui. Et quand le sélectionneur se nomme Michel Platini (premier footballeur à remporter le Ballon d'or trois fois d'affilée, entre 1983 et 1985), c'est une marque d'attention toute particulière.

Contre la Yougoslavie, sur la pelouse du Parc des Princes, Didier découvre ainsi le plaisir d'évoluer sous le maillot de la grande équipe de France. À la 76e minute, numéro 13 sur le dos, il remplace Daniel Xuereb, s'offre un petit pont et démontre surtout qu'il déborde d'énergie ! Malgré le match nul 0-0, un nouveau souffle vient de s'abattre sur l'équipe de France. À son entrée, le commentateur Thierry Rolland ne mâche pas ses mots : « Didier Deschamps, l'un des grands espoirs du football français ! »

Le 11 octobre, il inscrit son premier but avec les Bleus, toujours au Parc des Princes, face à l'Écosse (3-0). Au début, il n'est pas toujours titulaire, mais il va s'imposer progressivement comme la plaque tournante du milieu tricolore.

Quelques mois plus tard donc, en novembre, le FC Nantes est contraint de vendre des joueurs durant le mercato. Malgré sa politique de formation de qualité et ses multiples titres de champion de France, le club accuse un déficit de 20 millions de francs. De son côté, l'OM propose 17 millions de francs aux Nantais, avec un certain Bernard Tapie à la manœuvre... L'affaire va vite se régler. Didier a 20 ans, il est un nouvel international français. Sa valeur marchande va permettre au FC Nantes de renflouer les caisses. Et pour Deschamps, le moment est venu de rejoindre un club où il va enfin pouvoir gagner.

Après avoir côtoyé de très bons entraîneurs à Nantes (Raynald Denoueix, Coco Suaudeau), pour un total de plus de 130 matchs avec 4 buts au compteur, Didier rencontre un nouveau club, une nouvelle région, mais surtout la véritable « culture de la gagne ». En arrivant à

Marseille, il découvre immédiatement la boulimie de victoire de son président, ce fameux Bernard Tapie dont la réputation dépasse le cadre du football. Ici, terminer deuxième ne suffit pas. C'est même la place des perdants. À l'OM, il faut s'imposer rapidement. L'attente est immense.

Malheureusement, la première saison de Didier n'est pas vraiment convaincante : « En arrivant dans le sud, j'ai compris que je ne jouais plus le même championnat. À 21 ans, je quittais le cocon nantais pour me retrouver entouré de stars. J'étais déboussolé. En plus, les premiers contacts avec Bernard Tapie ont été compliqués, je n'arrivais pas à lui parler ! » Didier doit alors s'exiler une saison à Bordeaux, en prêt, pour convaincre son président qu'il peut effectivement jouer les premiers rôles avec l'OM. « J'avais envie de l'embêter, c'est pour ça que je l'ai prêté à Bordeaux, raconte Bernard Tapie. Il m'avait bien déçu pendant ces quelques mois. Je l'ai envoyé là-bas pour lui faire les pieds, et surtout parce que je ne comptais plus sur lui. J'avais beaucoup misé sur ce jeune, mais j'étais désormais certain de m'être trompé. Comme quoi… »

À Bordeaux, Didier Deschamps effectue une bonne saison et espère pouvoir revenir à Marseille durant le mercato. Mais voilà… Bernard Tapie ne l'entend pas de cette oreille : « En fin de saison, alors qu'il pensait en avoir terminé avec sa pénitence bordelaise et qu'il se préparait à rentrer à Marseille, je l'ai fait venir chez moi à Paris, relate l'ancien président du club. Pour commencer, je lui ai dit : "Je vais te transférer." Je pensais sincèrement que ce n'était pas bon pour lui de se retrouver sur le banc. Il a répondu “non”, un non sec et définitif. Je lui ai répété ce que je lui avais dit un an plus tôt, à savoir qu'il n'avait pas le niveau pour jouer chez nous. » « Je vais vous prouver le contraire », a répondu Deschamps, avec cette détermination qui le caractérise tant. Didier parvient ainsi à convaincre son président de lui laisser une chance à l'OM. Durant cette période, il rencontre également celui qui deviendra son agent par la suite, Jean-Pierre Bernès. Un personnage incontournable du football français.

Sur le terrain, l'équipe est magnifique. Avec Didier, elle gagne en caractère, avec un nouveau capitaine donc, mais surtout un joueur capable de ratisser les ballons comme personne. Même si la place de l'entraîneur dans la progression d'un joueur est capitale, à Marseille, c'est celle de Bernard Tapie qui permet à Deschamps de gagner encore en maturité. Les deux hommes sont liés par leur envie de gagner. Mais surtout, Bernard Tapie ne jure plus que par Deschamps désormais. Le Basque devient le joueur qui incarne le mieux l'état d'esprit prôné par ses dirigeants : la combattivité. À Marseille, on ne triche pas avec l'effort. Et cela plaît forcément à Didier. En 2018, l'ancien président de l'OM explique : « Si l'on doit résumer Didier Deschamps, c'est un Français sans excès, qui n'a pas un charisme affolant ni le physique d'un playboy. Il ne parle pas comme un livre, mais c'est celui qu'on a envie d'avoir comme fils, comme frère, comme père, comme cousin, comme copain. Il a ce Talent, avec un "T" majuscule. »

La suite de l'histoire pour Didier à l'OM : deux titres de champion de France (1990 et

1992), avec en prime la première victoire du football français en Ligue des champions (en 1993, face à l'AC Milan), aux côtés de son ami Marcel Desailly, qui a lui aussi rejoint le club phocéen. Un but inscrit par Basile Boli, de la tête, sur corner, permet aux Marseillais de soulever la fameuse « coupe aux grandes oreilles ». Le célèbre dicton peut résonner à foison dans la cité phocéenne : « À jamais les premiers ! »

À la suite de trois saisons pleines, Deschamps peut désormais partir vers l'Italie la tête haute… mais avec encore une soif de victoire bien prononcée. Cela tombe bien : l'Italie est la grande place du football mondial.

adidas

DESCHAMPS

7

CHAPITRE 6

Le tour de l'Europe

★★

Lorsqu'il rejoint l'Italie, le 6 mai 1994, Didier Deschamps s'apprête à découvrir une toute nouvelle façon d'appréhender son sport. En Italie, le football représente une religion. Ici, chaque match de championnat devient une finale avec un engouement populaire sans comparaison. À cette époque, surtout, le championnat italien, le fameux Calcio, est au sommet du monde. La liste des joueurs de grand talent qui y évoluent est impressionnante… Roberto Baggio, Dino Baggio, Paolo Maldini, Franco

Baresi, Demetrio Albertini, Alessandro Del Piero, Gabriel Batitusta, Javier Zanetti, Gianluca Pagliuca ou encore Gianfranco Zola. En Italie, le Basque croisera même un certain Ronaldo Luís Nazário de Lima, dit Ronaldo.

En intégrant le prestigieux club de la Juventus Turin, il rejoint également les terres où Michel Platini, son premier sélectionneur en équipe de France, s'est illustré en remportant de nombreux succès sous le maillot *bianconero*. D'une certaine façon, les espoirs placés en lui sont aussi grands qu'en France. Même si l'effectif est rempli de grands joueurs, on ne recrute pas un champion d'Europe par hasard. Alors Didier multiplie les efforts pour s'intégrer : « Il a parlé très vite la langue et cela a imposé une autre forme de respect », détaille Jocelyn Blanchard, son ancien coéquipier à Turin.

Malgré une blessure au tendon d'Achille qui l'éloigne des terrains pendant 6 mois, Deschamps remporte le titre de champion dès sa première saison en Italie. Mieux que ça, il s'offre le doublé avec une victoire en Coupe d'Italie face à Parme. En finale de la Coupe UEFA, en revanche, la Juventus Turin s'incline 1-0 face à ce même rival.

Mais la plus belle des victoires viendra l'année suivante, avec l'acquisition de la Ligue des champions face à l'Ajax Amsterdam, entraînée par Louis van Gaal. En deux saisons, Didier remporte ainsi trois nouveaux trophées. « Il possède une telle volonté de vaincre qu'il est très vite devenu un garçon indispensable dans notre groupe », se souvient Gianluca Vialli, son ancien coéquipier. C'est aussi à cette période qu'il rencontre Antonio Pintus, son futur préparateur physique lorsqu'il deviendra entraîneur.

TELE+
14

À l'été 1996, son coéquipier en équipe de France, Zinédine Zidane, vient le rejoindre du côté de l'Italie. Ensemble, les deux internationaux remportent la Coupe intercontinentale, la Supercoupe de l'UEFA, la Supercoupe d'Italie ainsi que deux championnats. Au milieu, Didier forme une paire infranchissable avec Antonio Conte le plus souvent, tandis que Zidane régale les attaquants mais aussi le public grâce à son touché de balle venu d'une autre galaxie.

Pourtant, malgré la qualité de cette équipe et de la science tactique de son entraîneur, Marcello Lippi, la Juventus Turin s'incline deux fois en finale de la Ligue des champions : la première fois face au Borussia Dortmund en 1997, la seconde face au Real Madrid en 1998. Pour Didier, ce sont des moments difficiles. Mais parvenir en finale de la Ligue des champions trois ans d'affilée (en 1996, 1997 et 1998 donc), même s'il n'y a qu'une seule victoire au bout (en 1996), cela représente une incroyable prouesse de régularité. Chaque fois, Deschamps fait figure de leader incontournable. « Les Italiens étaient les patrons du vestiaire, mais sur le terrain, c'était lui le patron », affirme Jocelyn Blanchard.

★★★★★★★★

Après ce passage couronné de succès en Italie, Didier prend la direction de l'Angleterre et de la Premier League. Chez les Blues de Chelsea, le club de Londres, il retrouve son ami Marcel Desailly. Ensemble, les deux acolytes remportent la Coupe d'Angleterre, aux côtés d'un autre français, Frank Leboeuf. Malgré une modeste 5e place en championnat et une défaite en quart de finale de la Ligue des champions, le Basque garnit un peu plus son palmarès, déjà bien conséquent depuis ses débuts.

Lors de l'année 2000, un dernier challenge s'offre à lui du côté de l'Espagne.

★★★★★★★★

Avec le FC Valence, dernier finaliste malheureux de la Ligue des champions (défait par le Real Madrid), Didier connaît une fin de carrière difficile. À Valence, la star du club se nomme Gaizka Mendieta, un milieu de terrain virevoltant avec une qualité de frappe dévastatrice. Didier y retrouve également Jocelyn Angloma, son ancien

TERRA
MITICA

coéquipier à l'Olympique de Marseille. Mais son corps est abîmé par le temps, par la fatigue et par les nombreux efforts répétés depuis le début de sa carrière. Entre pépins physiques et concurrence accrue (avec la présence de David Albelda et de Rubén Baraja), le Basque passe l'essentiel de cette saison 2000-2001 sur le banc, à regarder ses coéquipiers se hisser à nouveau en finale de la Ligue des champions. Le club espagnol échoue finalement face au Bayern Munich, un ogre venu d'Allemagne, avec notamment un certain Bixente Lizarazu, l'un des grands amis de Didier Deschamps.

En fin de compte, en Espagne, le futur sélectionneur tricolore se dirige surtout vers une nouvelle étape de sa vie. Après avoir soulevé les plus beaux trophées en tant que joueur, il est prêt à prendre un nouveau tournant. À 32 ans, il met ainsi un terme définitif à sa carrière de joueur.

DESCHAMPS

7

CHAPITRE 7

L'amour à la française

★★

Didier l'a toujours clamé haut et fort : l'équipe de France lui a « tout donné ». Depuis sa première sélection, le 29 avril 1989, face à la Yougoslavie, il n'a qu'une idée en tête : remporter des trophées avec les Bleus.

Après le départ de Michel Platini, en 1992, Didier connaît d'abord un moment très douloureux avec la sélection, avant de retrouver progressivement le chemin du succès. À cette époque, le sélectionneur se nomme Gérard Houllier. Depuis son arrivée, la France tente d'obtenir sa qualification pour le Mondial 1994 aux États-Unis. Toutes les grandes nations veulent être de la partie. Pour leurs deux derniers matchs, les Bleus affrontent Israël (défaite 3-2), mais surtout la Bulgarie, à domicile, au Parc des Princes, là où Didier a connu sa première sélection donc, mais aussi inscrit son premier but avec l'équipe de France. Malheureusement, ce soir-là, la soirée vire au cauchemar…

À la 90e minute, Emil Kostadinov inscrit le deuxième but bulgare (victoire 2-1 de la Bulgarie) et condamne ainsi Didier et ses coéquipiers à regarder la Coupe du monde à la télévision. Malgré les efforts de tout un groupe, il n'y aura pas de rêve américain pour les Bleus durant cette année 1994. C'est la deuxième fois que Didier manque un Mondial, après l'échec de 1990 aux côtés de Michel Platini : « La première fois où j'ai pleuré toutes mes larmes, expliquera-t-il en 2021, avant d'ajouter : Ça s'est vu. Ça reste. Malgré tout, j'ai connu d'autres moments très joyeux. Mais ça reste une cicatrice. » Chez Deschamps, on n'oublie pas les défaites : on s'en sert comme moteur, et donc comme source de motivation, pour avancer.

L'Euro 1992 peut aussi être considéré comme un échec. Après huit matchs et huit victoires durant les qualifications, les Bleus sont finalement éliminés dès le premier tour, après deux matchs nuls contre la Suède et l'Angleterre, puis une défaite face au Danemark, futur vainqueur de la compétition.

★★★★★★★★

Avec l'arrivée d'Aimé Jacquet à la tête des Bleus, en 1993, pour succéder à Gérard

Houllier, Didier prend une tout autre dimension en équipe de France. Il était déjà un joueur important. Désormais, il sera le taulier du groupe. Peu de temps avant l'Euro 1996, le nouveau sélectionneur prend la décision de donner le brassard de capitaine au Basque. Ainsi, il devient le patron sur le terrain, mais aussi dans le vestiaire. Comme à Bayonne. Comme à Nantes. Et comme à Marseille. Quand Deschamps est là, le choix du capitaine devient rapidement évident.

L'Euro 1996 fait figure de « tour de chauffe » avant le grand bal. Pour Aimé Jacquet, cette compétition est l'occasion de bâtir une équipe en vue de la prochaine Coupe du monde, qui se déroulera en France deux ans plus tard.

Invaincus depuis 23 matchs avant la première rencontre face à la Roumanie (victoire 1-0), les coéquipiers de Deschamps terminent en tête de leur groupe et prennent même leur revanche face à la Bulgarie lors du dernier match, grâce à une victoire 3-1. En quart de finale, les Bleus éliment les Pays-Bas, considérés alors comme l'une des meilleures équipes au monde. Malheureusement, sans Didier, blessé et donc absent pour cette rencontre décisive, les Français sont éliminés en demi-finale face à la Tchéquie.

À la sortie de cet Euro 1996, le bilan est donc mitigé. Le sélectionneur devient la cible de vives critiques. En vérité, on lui reproche surtout de mettre de côté Éric Cantona et David Ginola, deux « chouchous » d'une partie du public français. À propos de Cantona, Jacquet expliquera : « Pourquoi rappeler Cantona alors que deux jeunes joueurs ont participé à la qualification et représentent l'avenir ? Ce sont eux qui ont le pouvoir, maintenant. » Pour Ginola, le discours est toujours aussi clair : « C'est un joueur qui a un comportement difficile à saisir, des états d'âme. Moi, je ne veux pas d'états d'âme. »

À l'inverse, Jacquet se reconnaît en Didier : un milieu de terrain (comme lui, lorsqu'il était joueur), mais surtout humble et travailleur. Tout ce qu'il faut à cette équipe de France pour continuer son ascension. En ligne de mire, la prochaine Coupe du monde.

À la suite de cette compétition, Didier déclare dans la presse : « Nous sommes déçus et à la fois contents de rentrer, car le tournoi a été long. Une fois de plus, on est critiqués. Moi, je suis optimiste. » Sans détour, il ajoute : « Ce groupe est vivant et c'est plutôt bon signe pour l'avenir. » Le Basque vise juste. Désormais, la machine est en marche.

Cet Euro 1996 a permis de poser des bases solides pour le futur de l'équipe de France. Un « noyau dur » s'est formé autour de joueurs emblématiques : Fabien Barthez, Bernard Lama, Laurent Blanc, Marcel Desailly, Frank Leboeuf, Bixente Lizarazu, mais aussi Lilian Thuram, Youri Djorkaeff, Christophe Dugarry, Christian Karembeu et, bien sûr, Zinédine Zidane. Plusieurs jeunes joueurs tels que Thierry Henry, David Trezeguet, ou encore Patrick Vieira et Robert Pirès viennent compléter la liste pour le Mondial. Surtout, après son absence durant l'Euro 1996, Emmanuel Petit effectue son retour dans l'entrejeu, pour évoluer aux côtés de Didier dans un 4-4-2. Un milieu de choc, pour une équipe redoutable sur le plan athlétique et sur l'intelligence de jeu.

adidas
7
adidas

DESCHAMPS

7

CHAPITRE 8

Champion du monde

★★

Avant la Coupe du monde 1998, Aimé Jacquet a beau être contesté, il tient bon. Mieux que ça, il est persuadé d'avoir raison. Maintenant, il doit le prouver. Premier match : l'Afrique du Sud.

La rencontre se déroule à Marseille, au mythique stade Vélodrome, que Didier connaît si bien. Avant le match, dans les vestiaires, face à ses joueurs, Aimé Jacquet ne s'y trompe pas : « Le fief du football, c'est ici ! » À vrai dire, le stade est en fusion. Dans son ancien antre, toujours avec le brassard sur le bras, Didier participe à la première victoire des Bleus (3-0). Un score sans appel, prometteur pour la suite.

Pour leur deuxième rencontre, les Bleus affrontent l'Arabie saoudite. Et ils infligent la même sanction à leur adversaire : 4-0. Grâce à sa stabilité défensive et à son réalisme devant, l'équipe de France engrange de la confiance. Aimé Jacquet peut faire tourner ses joueurs lors du dernier match face au Danemark (victoire 2-1), laissant Didier se reposer sur le banc. Avec 9 points au compteur, les Bleus terminent en tête de leur groupe. Maintenant, il faut s'attaquer aux gros morceaux de la compétition.

Sans conteste, le huitième de finale de cette Coupe du monde est un véritable film à suspense. Contre le Paraguay (équipe « surprise », qui s'est qualifiée au détriment de l'Espagne et de la Bulgarie), Didier et ses coéquipiers doivent attendre la 113e minute pour obtenir leur qualification. Ils peuvent remercier Laurent Blanc et son but en or inscrit sur une frappe surpuissante ! C'est le dénouement d'une souffrance collective. Au regard de l'enjeu, il fallait au moins cela. Du côté du Paraguay, le gardien, José Luis Chilavert, a été tout simplement magistral durant cette rencontre. Un vrai mur ! Mais finalement, l'équipe de France peut continuer son chemin vers le prochain tour.

Le quart de finale se déroule sous haute tension, contre des joueurs que Didier connaît plutôt bien… Le 3 juillet 1998, au Stade de France, le rendez-vous est pris face à l'Italie. Encore elle. Toujours elle. Présente à chaque grand rendez-vous, la Squadra Azzurra affiche une équipe avec de nombreux coéquipiers de Deschamps. C'est donc un match particulier qui s'annonce. Et qui dit match particulier dit dénouement particulier.

Au bout du suspense, les Bleus obtiennent finalement leur qualification durant la séance des tirs au but, après un match d'une finesse tactique rare. Sur le terrain, ce jour-là, s'affrontent les meilleurs joueurs du monde à chaque poste, du gardien jusqu'au numéro 9. Malgré le tir manqué de Bixente Lizarazu, la dernière tentative manquée par Luigi Di Biagio permet à l'équipe de France de filer vers la demi-finale face à la Croatie, une autre équipe surprise durant cette compétition. Le banc français peut exulter. Toute la nation tricolore se rallie à la cause de sa sélection. En France, l'union collective autour de cette équipe est magnifique.

Devant 80 000 spectateurs, toujours au Stade de France, les Bleus retrouvent ainsi les coéquipiers de Davor Šuker, attaquant vedette de la Croatie. C'est d'ailleurs lui qui ouvre le score dès l'entame de la seconde période, à la 46e minute. Heureusement pour les Bleus, Lilian Thuram va endosser la position du sauveur pour ses coéquipiers. Fautif sur le but encaissé, le meilleur défenseur du Calcio de la saison 1997-1998 va s'offrir un doublé en l'espace de quelques minutes. Il inscrit un premier but à la 47e minute, et un second à la 70e, synonyme de délivrance pour tout un peuple. Dans les mémoires, reste encore la célébration mythique réalisée par le latéral des Bleus à la suite de cette prouesse technique (un doigt sur la bouche, comme pour annoncer sa stupéfaction).

Grâce à cette qualification pour la finale, Aimé Jacquet s'apprête à remporter son pari. Mais il reste encore une étape à franchir, et pas des moindres : le Brésil…

Affronter la Seleção, le champion du monde en titre, cela revient à se confronter à l'élite du football mondial… Ronaldo, Rivaldo, Bebeto, Roberto Carlos, Dunga, Leonardo, Cafu, Denilson, Aldair, Taffarel… Pourtant, sur le terrain, il n'y aura qu'une équipe ce soir-là.

Comme une mélodie parfaite, durant laquelle chaque musicien livrerait sa meilleure partition, la France dicte le tempo dès le début de la partie, guidée par Zidane. Au milieu, Deschamps est partout : il récupère les ballons, harcèle les Brésiliens au pressing et permet à son équipe de multiplier les offensives. À vrai dire, au regard du nombre d'occasions en faveur des Bleus, le score final (3-0) est presque « léger », tant la maîtrise des joueurs d'Aimé Jacquet est grande durant cette rencontre. Zidane marque deux fois : à la 27e minute, sur corner, puis à la 46e minute. En fin de rencontre, à la 93e minute, sur une dernière contre-attaque, Emmanuel Petit vient conclure la marque. L'âge d'or du football français peut débuter. Et même s'il s'agit d'une victoire collective, Didier y est pour beaucoup.

Grâce à cette victoire, Didier et ses coéquipiers remportent ainsi le trophée le plus important de l'équipe de France, quatorze ans après le titre de champion d'Europe des Bleus, en 1984. Surtout, les Bleus effacent ces souvenirs malheureux des demi-finales perdues durant les Mondiaux 1958, 1982 et 1986. Enfin, la France goûte au succès le plus total. Dans sa cabine, le célèbre commentateur de l'époque, Thierry Rolland, s'enflamme aux côtés de son acolyte, Jean-Michel Larqué : « Deux buts de Zidane, un but de Petit, je crois qu'après avoir vu ça, on peut mourir

tranquille. Enfin, le plus tard possible, mais on peut. Ah, c'est superbe ! Quel pied, ah, quel pied ! Oh là là ! » Partout en France, la fête bat son plein.

Après le coup de sifflet final, dans les vestiaires, Michel Platini, co-président du comité d'organisation du Mondial, vient féliciter les Bleus, à sa manière : « Il a fallu que j'organise la Coupe du monde pour que vous la gagniez ! » Réponse immédiate du capitaine tricolore : « Moi, j'étais fait pour la gagner, et toi pour l'organiser ! » Malgré son désir boulimique de victoire, Deschamps a toujours été présenté comme un grand chambreur par la majorité de ses coéquipiers. C'était d'ailleurs l'une des grandes forces du groupe en 1998 ; au quotidien, ça dansait, ça taquinait. Comme on dit, le groupe « vivait bien ».

Dans le stade, à l'issue du match, la joie est totale. Malgré les critiques qui ont précédé la compétition, Aimé Jacquet est désormais un marchand de bonheur : le jour de gloire est arrivé ! En France, le peuple commence à s'amasser dans les rues. Le portrait de Zidane est projeté sur l'Arc de Triomphe, à Paris ; une image forte qui restera dans l'histoire du sport tricolore. Après leur victoire, les Bleus paradent sur l'avenue des Champs-Élysées, devant près d'1,5 million de personnes. La communion entre le peuple et son équipe est totale.

Le 14 juillet 1998, le groupe France reçoit la Légion d'honneur des mains du président de la République, Jacques Chirac. Pour Didier, c'est l'aboutissement de toute une carrière, de longs sacrifices depuis ses débuts à Bayonne. Mais l'histoire avec l'équipe de France ne s'arrête pas là… Bien au contraire.

Pour Aimé Jacquet, il est temps de quitter les Bleus. Avec Didier, il aura formé l'un des binômes sélectionneur-capitaine les plus importants de l'histoire de cette équipe. Avec comme point d'orgue, cette victoire en finale de la Coupe du monde. Désormais, c'est Roger Lemerre, son ancien adjoint, qui assume le rôle de sélectionneur principal. Pour Deschamps, c'est une bonne chose, un choix dans la continuité du travail réalisé par Aimé Jacquet. En 2014, avant d'entamer la Coupe du monde au Brésil, sa première en tant que sélectionneur, Didier rendra hommage à son ancien mentor : « Aimé restera le sélectionneur champion du monde à vie. C'est Dieu. Disons plutôt qu'il y a Dieu, et Aimé. »

En 2000, les Bleus disputent l'Euro en Belgique et aux Pays-Bas. Didier a 32 ans, mais il a encore une faim de trophées bien prononcée. Durant cette compétition, l'équipe de France livre un véritable récital. Avec la confiance accumulée grâce à la victoire durant le Mondial, mais aussi l'arrivée de plusieurs jeunes joueurs (Sylvain Wiltord et Nicolas Anelka, principalement), les Bleus sont à leur apogée. Tactiquement et physiquement, il n'y a pratiquement aucune équipe qui peut rivaliser avec le groupe tricolore.

Malgré une 2e place lors du premier tour (derrière les Pays-Bas, avec 6 points), les Bleus filent tout droit vers la finale après un parcours sans faute : une victoire 2-1 contre l'Espagne en quart de finale, puis une nouvelle victoire 2-1 contre le Portugal en demi-finale après prolongations.

En finale, les Bleus retrouvent l'Italie. Encore et toujours elle... Menés pendant

plus de 90 minutes, les coéquipiers de Didier doivent attendre la 94e minute pour égaliser et se diriger ainsi vers les prolongations, grâce à un but inscrit par Sylvain Wiltord. Face aux Italiens, une seule règle : il faut éviter les tirs au but. Même si Fabien Barthez est un très bon gardien, celui de l'Italie, Francesco Toldo, est un spécialiste du genre. Heureusement pour les Bleus, sur une frappe surpuissante qui viendra se loger sous la barre à la 103e minute, David Trezeguet envoie la France au firmament !

Pour Deschamps et les joueurs déjà présents en 1998, il s'agit d'un doublé historique. À cette époque, il s'agit seulement de la deuxième sélection à réaliser cette prouesse, après l'Allemagne en 1972 et 1974. À la suite de la finale, au centre du terrain, Roger Lemerre essaie de convaincre le Basque de continuer son aventure avec l'équipe de France. Mais Didier est usé, physiquement et mentalement. Il a beaucoup donné depuis ses débuts dans le monde professionnel (103 sélections avec les Bleus, capitaine à 54 reprises entre 1989 et 2000). Alors il est temps de passer à un nouveau chapitre de sa vie.

DESCHAMPS

7

CHAPITRE 9

Reconversion

★★

Au mois de juin 2001, seulement quelques semaines après avoir mis un terme à sa carrière de joueur, Deschamps devient l'entraîneur principal de l'AS Monaco. Le club monégasque, vainqueur du dernier championnat, avec l'équipe la plus jeune de Division 1, mais aussi champion durant l'année 1997 et demi-finaliste de la Ligue des champions en 1998 après avoir défait Manchester United, est réputé en France. Pour son premier jour au camp d'entraînement, Didier explique : « Je commence ma deuxième vie, mais c'est quelque chose de formidable aussi. Cette décision de raccrocher les crampons, je l'aurais prise quelles que soient les opportunités. J'ai toujours dit que le jour où je n'aurais plus envie, plus de plaisir à aller à l'entraînement, j'arrêterais. Et ce jour est arrivé. Ce n'est pas la peine de continuer pour continuer. »

Au sein de l'effectif monégasque, il y a encore quelques stars, dont notamment Christian Panucci, Marco Simone, Rafael Márquez, Shabani Nonda et Marcelo Gallardo. Pour commencer sa nouvelle carrière, le Basque s'attaque donc à un « gros morceau ».

Malheureusement pour lui, les débuts sur le Rocher sont compliqués. La raison ? Des joueurs difficiles à convaincre… Et Didier découvre à peine sa nouvelle profession.

Il lui faut du temps pour s'acclimater à son nouvel environnement. « Didier ne connaissait plus le football français et l'a peut-être sous-estimé. Mais, en type intelligent, il a vite rectifié le tir », se souvient l'ancien directeur sportif monégasque, Henri Biancheri. À l'issue de sa première saison 2001-2002, le bilan sportif n'est pas celui attendu. Une 15e place en championnat, cela ne correspond pas au statut de l'AS Monaco. « Sa première saison a été calamiteuse, détaille Jean Petit, son ancien adjoint. Des joueurs aux dirigeants, tout le monde était contre lui. » Une nouvelle fois, Deschamps va devoir s'adapter.

Progressivement, d'autres joueurs viennent compléter cette équipe. Bien décidé à obtenir des relais importants dans son vestiaire, Didier fait le nécessaire pour recruter les joueurs dont il a besoin pour atteindre ses objectifs. Il forge l'équipe à son image. Travailleuse sur le terrain, mais aussi capable de s'adapter à toutes les situations. Un caméléon, avec la volonté de jouer un football offensif, mais aussi de pouvoir faire mal en contre-attaque.

Lors de la saison 2002-2003, l'équipe du Rocher remporte la Coupe de la Ligue face au FC Sochaux, sur le score de 4 buts à 1, mais termine aussi deuxième du championnat, à un petit point de l'Olympique lyonnais. Ce sont de bons résultats. Mais le meilleur reste à venir.

★★★★★★★★

Pour sa troisième saison avec l'AS Monaco (2003-2004), l'équipe est enfin prête. Surtout, elle va pouvoir disputer la prestigieuse Ligue des champions, là où seules les meilleures équipes d'Europe peuvent s'affronter.

Au premier tour, les joueurs de Didier Deschamps terminent à la première place de leur groupe, ce qui leur permet d'obtenir un tirage favorable en huitième de finale. Pourtant, il s'agira bien d'une double confrontation, avec du suspense jusque dans les derniers instants... Défait à l'aller contre le Lokomotiv Moscou (2-1), l'AS Monaco sera finalement sauvé par Dado Pršo lors du match retour (1-0 pour le club du Rocher).

En quart de finale, Didier retrouve son ami Zinédine Zidane, qui évolue alors au Real Madrid, le plus grand club d'Europe. Pour ainsi dire, une montagne se dresse face à l'AS Monaco. Malgré cette armada madrilène victorieuse 4-2 à l'aller, le club monégasque épate la planète football au match retour en s'imposant 3 buts à 1, avec notamment un but inscrit par Ludovic Giuly, d'une talonnade face à Iker Casillas (l'un des meilleurs gardiens au monde à cette époque). Pour la bande à Deschamps, il s'agit d'un exploit colossal qui lui permet d'obtenir sa qualification pour la demi-finale face à Chelsea, le club de Londres.

Au match aller, à domicile, c'est un festival offensif qui s'abat sur les joueurs de Claudio Ranieri. Après avoir éliminé le grand Real Madrid, l'AS Monaco est déchaîné... Dès la 17e minute de jeu, Dado Pršo donne l'avantage aux siens. Cinq minutes plus tard, Hernán Crespo égalise pour les Blues. Cela ne changera rien. En fin de rencontre, alors que l'ASM évolue à dix, Fernando Morientes et Shabani Nonda donnent un avantage considérable à leur équipe en l'espace de cinq petites minutes... Score final : 3-1. Au retour, le match nul entre les deux équipes à Londres (2-2) permet à l'AS Monaco de s'ouvrir les portes de la finale face au FC Porto de José Mourinho, l'un des futurs grands entraîneurs du football mondial.

Le 26 mai 2004, Didier retrouve ainsi le club portugais en Allemagne, avec une équipe réputée pour sa fougue, mais aussi parfois son manque d'expérience. Face aux hommes de Mourinho, cela ne pardonne pas... D'autant qu'un autre « malheur » frappe l'AS Monaco durant cette rencontre : Ludovic Giuly, l'atout offensif le plus virevoltant de l'équipe monégasque, se blesse dès la 23e minute de jeu. Pendant 90 minutes, le FC Porto ne fait qu'une bouchée des hommes de Deschamps. À l'issue du match, le score est sans appel : 3-0. Forcément, c'est une déception de taille. Malgré tout, l'AS Monaco peut sortir la tête haute de cette compétition, en ayant surpris les plus grands amateurs de football.

Atteindre la finale de la Ligue des champions, après avoir éliminé le Real Madrid puis Chelsea, cela représente une prouesse. L'attaquant Fernando Morientes se souvient de cette période : « J'ai eu de très bons entraîneurs, mais jamais une relation comme avec Didier Deschamps. Autant sur le plan professionnel que personnel, avec tout ce qu'il m'a montré en tant que personne. » L'ancien attaquant de l'AS Monaco et du Real Madrid ajoute : « Cette relation personnelle, et non pas professionnelle, cela se retrouve uniquement en famille. Je me disais : tout ça, ce n'est pas réel. Je ne me suis jamais senti aussi important qu'avec Didier Deschamps. »

Malgré cette défaite donc, Didier a réussi sa mission avec le club du Rocher. Un premier trophée avec la Coupe de la Ligue lors de sa deuxième saison, puis une campagne européenne digne des plus grands lors de la troisième, cela suffit amplement à lancer sa carrière d'entraîneur. Ainsi, le 10 juillet 2006, après quatre saisons pleines du côté de l'AS Monaco, au lendemain de la défaite de la France en finale de la Coupe du monde face à l'Italie, le Basque prend la direction d'un club qu'il connaît bien : la Juventus Turin.

★★★★★★★★

À la suite d'une histoire de corruption et d'affaires « administratives », le club piémontais est relégué en deuxième division. Cela permet à Deschamps de faire remonter les siens dès sa première saison en Italie (2006-2007). Aux côtés des stars Gianluigi Buffon, David Trezeguet, Pavel Nedved ou encore Alessandro Del Piero, il obtient son second trophée, le titre de champion d'Italie (en seconde division).

Mais à l'issue de cette saison, et surtout en raison de désaccords prononcés avec sa direction, le Basque prend la décision de démissionner. Il avait déjà du caractère en tant que joueur, cela ne change pas en tant qu'entraîneur. Entre apparitions médiatiques et missions de consultant pour la radio RMC, Didier s'éloigne des terrains, mais il reste au contact du football malgré tout... Avec une telle passion et cet esprit de compétiteur acharné, comment faire autrement ? Deux ans plus tard, il prend la direction d'un autre club qui lui est familier, l'Olympique de Marseille...

★★★★★★★★

Avec l'OM, le Basque se mue en véritable marchand de bonheur. Le club phocéen n'a pas remporté le moindre trophée depuis dix-sept ans. Mais grâce à l'arrivée de Didier, les Marseillais savourent à nouveau le goût de la victoire. Ils remportent la Coupe de la Ligue puis sont sacrés champions de France lors de la saison 2009-2010. Au total, Deschamps remporte six trophées avec le club phocéen : 1 championnat donc, mais aussi 3 Coupes de la Ligue et 2 Trophées des champions. Sur ses terres, là où il est devenu champion d'Europe en 1993, le Basque devient ainsi l'entraîneur qui permet enfin à l'OM de

DROIT AU BUT

gagner à nouveau. Et cela compte énormément pour le peuple marseillais.

Néanmoins, à la suite de trois saisons pleines avec l'OM, Didier est usé par la pression qui entoure le club phocéen, et aussi par ses relations avec le directeur sportif de l'époque, José Anigo. Alors il est temps de partir. Au chevet de l'équipe de France, le plus beau chapitre de sa vie l'attend.

DESCHAMPS

7

CHAPITRE 10

Ramenez la coupe à la maison

★★

Au départ, Didier hésite. Mais très vite, il succombe aux avances d'une équipe qui lui a tant donné par le passé. Durant l'année 2012, à la suite du départ de Laurent Blanc, Deschamps devient ainsi le sélectionneur de l'équipe de France, aux côtés de son adjoint historique, Guy Stéphan.

S'il prend les rênes des Bleus, c'est pour remplir trois missions.

La première : redorer l'image d'une équipe en quête de réunification avec son public, après une période compliquée sous la coupe de Laurent Blanc. Avec Didier, les joueurs n'auront plus le droit à l'erreur. L'homme est direct, intransigeant, et cela se vérifie dans les faits.

Deuxième mission : trouver les bonnes graines. Au sein de sa sélection, il n'y aura que des joueurs qui respectent le maillot tricolore, mais surtout qui peuvent s'acclimater rapidement à un groupe. Lors d'une grande compétition internationale, c'est même le plus important. Alors, à l'image de son ancien mentor Aimé Jacquet, Didier fait le tri et modèle progressivement une équipe à son image. Durant la Coupe du monde 2014, au Brésil, les Bleus sont éliminés en quart de finale par l'Allemagne (1-0), le futur vainqueur de la compétition, après un parcours honorable. Reste en mémoire cet arrêt réalisé par Manuel Neuer sur une frappe de Karim Benzema, qui aurait pu permettre à l'équipe de France d'égaliser.

Deux ans plus tard, la France dispute l'Euro 2016 à domicile avec une base solide. Sur le terrain, les grands artisans des plus beaux jours des Bleus sont déjà là : Antoine Griezmann (l'infatigable travailleur et le cerveau tactique de cette équipe), Olivier Giroud (l'avant-centre souvent décrié, mais bien disposé à répondre présent à chaque rencontre), Blaise Matuidi et Paul Pogba (les deux milieux prêts à se sacrifier pour l'équipe), ou encore Hugo Lloris (le capitaine tranquille) et Samuel Umtiti (qui « casse la démarche »). Après avoir éliminé l'Allemagne en demi-finale, l'équipe de France retrouve le Portugal de Cristiano Ronaldo.

Malheureusement, le 10 juillet 2016, au Stade de France, les Bleus s'inclinent par le plus petit des écarts, 1 but à 0, après une frappe d'Éder inscrite à la 109e minute. Pour cette finale à domicile avec tout l'engouement populaire autour des Bleus, il s'agit d'une terrible désillusion. Désormais, l'équipe de France a les yeux rivés sur la prochaine Coupe du monde, qui se disputera en Russie.

★★★★★★★★

Progressivement, de nouveaux joueurs intègrent le groupe tricolore. De la même façon qu'Aimé Jacquet précédemment, le Basque ajuste son groupe et profite de l'émergence de certains talents, avec comme principal représentant un certain Kylian Mbappé.

Le 16 mars 2017, face au Luxembourg, après avoir éclaboussé les pelouses de

Ligue 1 et de Ligue des champions, le petit prodige tricolore rejoint le navire de Deschamps. Désormais, il sera celui qui dynamite les défenses… Et cela va piquer dès le départ.

Pour cette Coupe du monde 2018, Didier a réuni la meilleure équipe. Remis d'une grave blessure au genou, Raphaël Varane est présent en défense. N'Golo Kanté fait figure de joueur clef au milieu de terrain. Le milieu de Chelsea ratisse les ballons et fait briller ses coéquipiers. Côté droit, exit Sissoko. Place à Mbappé, dit « La Fusée ». Pour couvrir les offensives, Blaise Matuidi monte d'un cran, côté gauche. Sur les ailes, Lucas Hernandez et Benjamin Pavard complètent l'équipe. Plus rien ne peut arrêter les Bleus. L'Histoire est en marche.

Du premier tour jusqu'à la finale face à la Croatie, les Tricolores livrent une véritable leçon de réalisme à la planète football. Solide en défense mais aussi adroite devant le but (comme en 1998), l'équipe affiche du caractère à chaque instant (toujours comme en 1998). En fin de compte, Deschamps a bâti une équipe très similaire à celle d'Aimé Jacquet précédemment. En finale, l'équipe de France retrouve la Croatie de Luka Modrić, qui deviendra Ballon d'or et sera nommé meilleur joueur du tournoi. Un bijou de technique. Mais cela n'empêche pas l'équipe de France de s'imposer largement durant cette rencontre. Score final : 4 buts à 2.

Grâce à cette victoire, synonyme de deuxième étoile sur le maillot tricolore, le Basque devient le troisième homme à remporter le trophée à la fois comme joueur et comme entraîneur, aux côtés de Franz Beckenbauer (une légende du football allemand) et Mário Zagallo (une autre légende, mais brésilienne). « Avant de sortir du vestiaire, je leur ai dit deux choses, confie l'heureux sélectionneur à l'issue du match. Un : ils seront champions du monde à vie. À vie. Et ils seront toujours liés par ça, quoi qu'il advienne par la suite. Deux : ils ne seront plus jamais les mêmes. Je suis désolé pour eux, mais c'est ainsi : ils peuvent gagner tous les titres qu'ils veulent, la Ligue des champions dix fois, mais c'est ce soir que ça a basculé pour eux et cette bascule est définitive. Parce qu'il n'y a rien au-dessus d'un titre de champion du monde. Rien. » Et Didier est bien placé pour le savoir.

Quatre ans plus tard, la France s'offre une nouvelle finale lors du Mondial 2022 au Qatar, contre l'Argentine. Face aux coéquipiers de Lionel Messi, les Bleus sont

vaincus malgré tous les efforts du groupe tricolore en fin de rencontre, et notamment de Mbappé, auteur d'un triplé. Avec quatre buts inscrits (dont un durant la séance des tirs au but), l'attaquant formé à l'AS Monaco est rentré dans l'histoire de la Coupe du monde. Surtout, avec de nombreux blessés au départ (Kanté et Pogba, principalement), atteindre à nouveau une finale d'un Mondial représente une prouesse plus qu'honorable. Par la même occasion, Didier est devenu le premier sélectionneur à enchaîner deux finales en Coupe du monde depuis Beckenbauer et l'Argentin Carlos Bilardo.

★★★★★★★★

Si on fait le bilan : avant l'arrivée de Deschamps, la Juventus Turin n'avait plus remporté le titre de champion ni atteint la finale de la C1 depuis 10 ans. Avec lui, le club *bianconero* a immédiatement retrouvé le goût du succès. Au total, il y a remporté neuf trophées, dont trois coupes d'Europe, en l'espace de cinq saisons, sur un total de six finales européennes disputées.

En France, le palmarès de Didier est tout aussi impressionnant. Première et unique victoire en Ligue des champions, avec l'OM, en 1993, avec le brassard de capitaine sur le bras. Première victoire en Coupe du monde avec l'équipe de France en 1998, toujours avec le brassard de capitaine sur le bras. Suivi du championnat d'Europe, deux ans plus tard, en 2000. Le Basque est également le premier joueur à dépasser les 100 sélections sous le maillot tricolore.

En tant qu'entraîneur, il a remporté le premier titre de l'Olympique de Marseille

Uber
Eats
Orange
FIFA
Uber
Eats
Orange
Uber
Eats
Orange

FIFA
FFF

depuis dix-sept ans, avec six trophées au total durant son passage marseillais. Avec l'AS Monaco, il s'offre la quatrième finale d'une Ligue des champions pour un club français (saison 2003-2004). Puis, en tant que sélectionneur de l'équipe nationale, deux finales de Coupe du monde, dont une victoire en 2018, avec la participation à quatre Coupes du monde (2014, 2018, 2022 et bientôt 2026). Il aura ainsi passé plus d'une décennie à la tête des Bleus. Un record de longévité. « Je ne suis pas dans ce monde pour courir après des records et devenir unique, explique-t-il. Il s'agit de l'équipe de France. Et le plus grand mérite du succès revient toujours aux joueurs, qui sont sur le terrain. » Savoir rester dans l'ombre pour mettre les autres en lumière, voici la troisième mission accomplie par le Basque depuis son arrivée chez les Bleus.

Didier représente ainsi le point commun aux plus grands succès du football français.

Aujourd'hui, malgré quelques déceptions, notamment l'Euro 2021 et l'Euro 2024, l'histoire entre l'équipe de France et Didier Deschamps continue au moins jusqu'à la Coupe du monde 2026, qui se déroulera aux États-Unis, au Canada et au Mexique. En ligne de mire, une nouvelle étoile sur le maillot tricolore.

Fin

QUIZ

Connais-tu vraiment Didier Deschamps ?

1. Avec quel club commence-t-il sa carrière professionnelle ?

   a. L'AS Saint-Étienne

   b. L'AS Monaco

   c. Le FC Nantes

2. Avec quel club connaît-il la première victoire d'u club français en Ligue des champions ?

   a. Le Paris Saint-Germain

   b. L'AS Monaco

   c. L'Olympique de Marseille

3. Dans quel pays a lieu la Coupe du monde 1998, gagnée par l'équipe de France ?

a. Le Qatar

b. La France

c. Le Brésil

4. Combien de fois a-t-il été capitaine de l'équipe de France ?

a. 27 fois

b. 54 fois

c. 72 fois

5. Depuis quelle année est-il le sélectionneur de l'équipe de France ?

a. 2012

b. 2015

c. 2018

Réponses : 1-c ; 2-c ; 3-b ; 4-b ; 5-a

DESCHAMPS

7

Retrouve très prochainement
une nouvelle biographie
DESTINS DE
CHAMPIONS
en Bibliothèque Verte, bien sûr !
Pour tout connaître sur tes séries préférées,
va sur le site :
www.bibliotheque-verte.com

Les as-tu tous lus ?

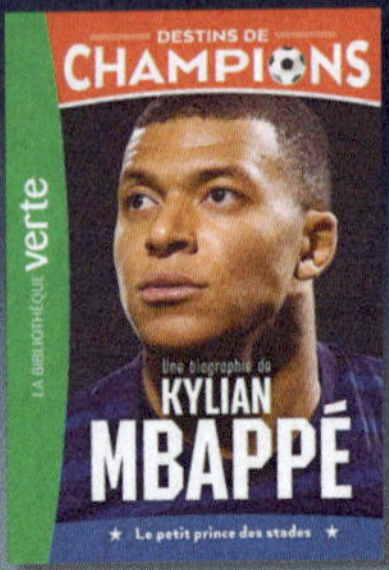

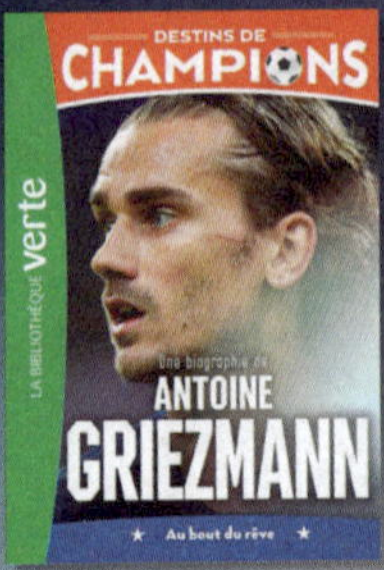

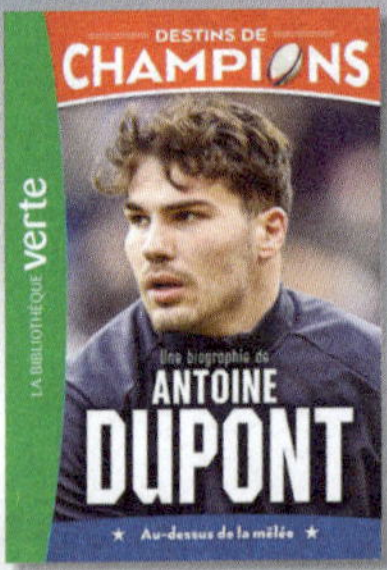

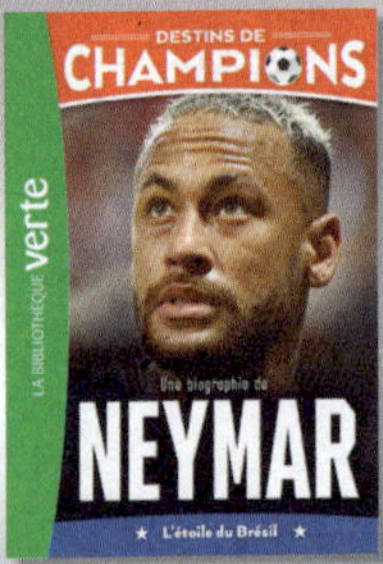

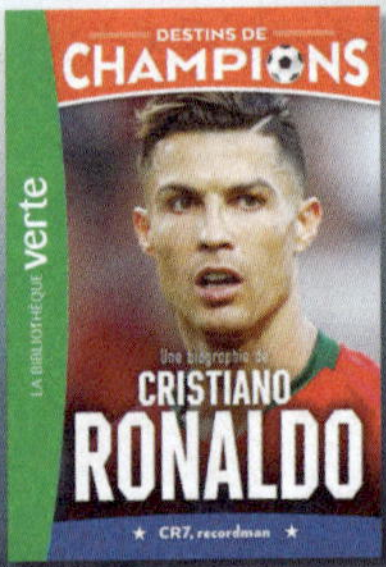

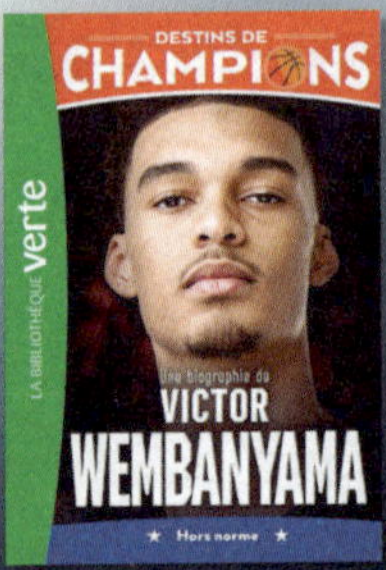

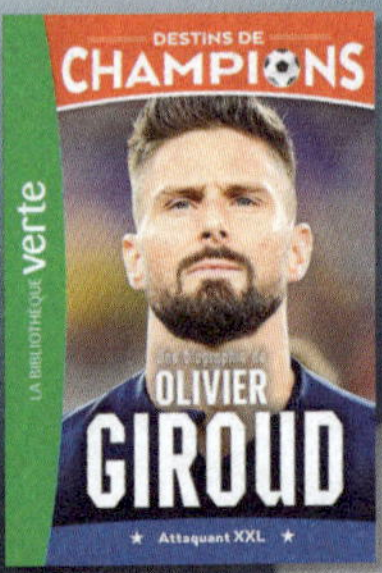

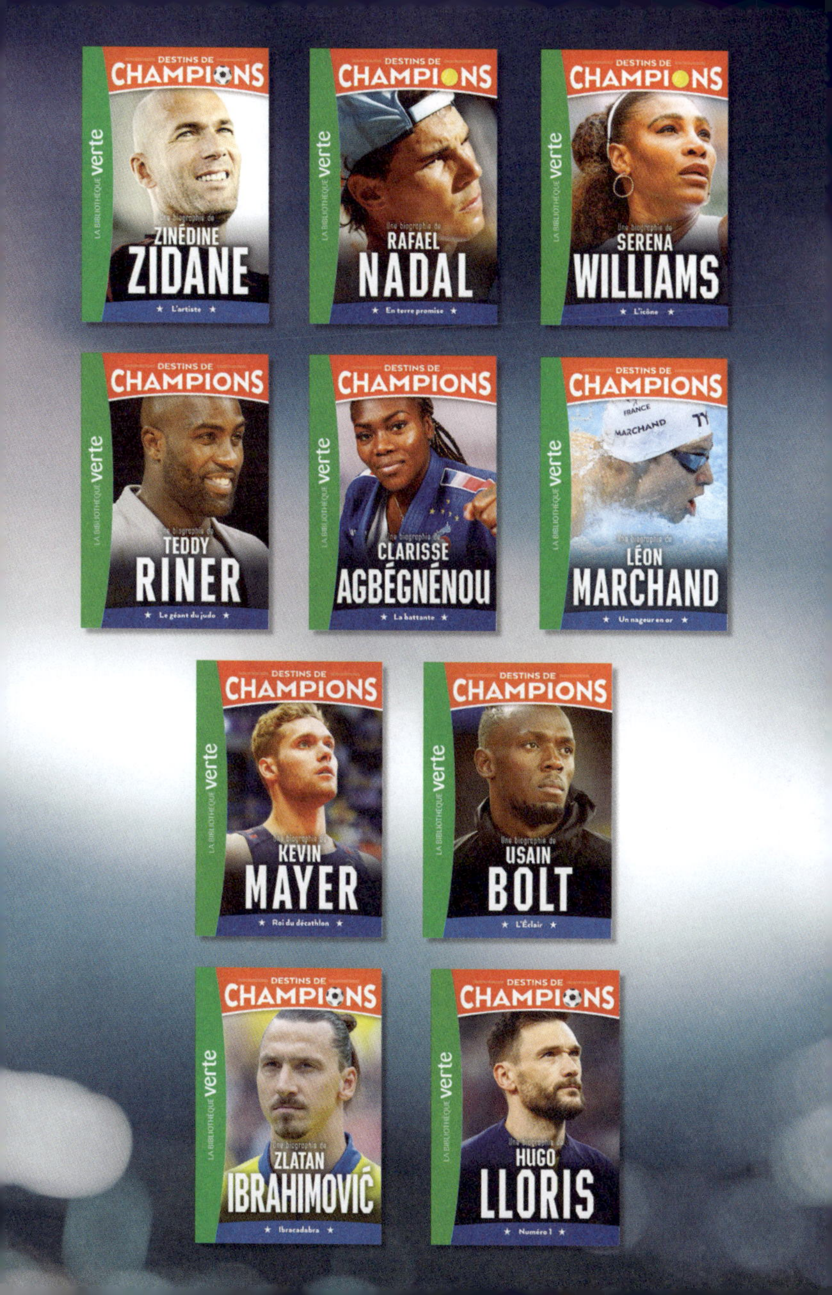
DESTINS DE CHAMPIONS
LA BIBLIOTHÈQUE verte
ZINÉDINE
ZIDANE
L'artiste
DESTINS DE CHAMPIONS
LA BIBLIOTHÈQUE verte
Une biographie de
RAFAEL
NADAL
En terre promise
DESTINS DE CHAMPIONS
LA BIBLIOTHÈQUE verte
Une biographie de
SERENA
WILLIAMS
L'icône
DESTINS DE CHAMPIONS
LA BIBLIOTHÈQUE verte
TEDDY
RINER
Le géant du judo
DESTINS DE CHAMPIONS
LA BIBLIOTHÈQUE verte
CLARISSE
AGBÉGNÉNOU
La battante
DESTINS DE CHAMPIONS
LA BIBLIOTHÈQUE verte
LÉON
MARCHAND
Un nageur en or
DESTINS DE CHAMPIONS
LA BIBLIOTHÈQUE verte
KEVIN
MAYER
Roi du décathlon
DESTINS DE CHAMPIONS
LA BIBLIOTHÈQUE verte
Une biographie de
USAIN
BOLT
L'Éclair
DESTINS DE CHAMPIONS
LA BIBLIOTHÈQUE verte
Une biographie de
ZLATAN
IBRAHIMOVIĆ
Ibracadabra
DESTINS DE CHAMPIONS
LA BIBLIOTHÈQUE verte
HUGO
LLORIS
Numéro 1

DESCHAMPS

7

TABLE

DESCHAMPS

7

TABLE

DESCHAMPS

7

hachette s'engage pour l'environnement en réduisant l'empreinte carbone de ses livres. Celle de cet exemplaire est de :
400 g éq. CO_2
Rendez-vous sur
www.hachette-durable.fr

PAPIER CERTIFIÉ

Photogravure Nord Compo - Villeneuve-d'Ascq
Imprimé en Roumanie par Rotolito Romania
Dépôt légal : janvier 2025
Achevé d'imprimer : décembre 2024
49.8172.7/01 – ISBN 978-2-01-727387-5
Loi n° 49956 du 16 juillet 1949
sur les publications destinées à la jeunesse